REVUE ARCHÉOLOGIQUE

PUBLIÉE SOUS LA DIRECTION

DE MM.

ALEX. BERTRAND ET G. PERROT

MEMBRES DE L'INSTITUT

L. HEUZEY

—

MYTHES CHALDÉENS

PARIS
ERNEST LEROUX, ÉDITEUR
28, RUE BONAPARTE, 28

1895

N. B. — Tout ce qui est relatif à la rédaction doit être adressé à M. Alexandre BERTRAND, de l'Institut, au Musée de Saint-Germain-en-Laye (Seine-et-Oise), ou à M. G. PERROT, de l'Institut, rue d'Ulm, 45, à Paris.

Les livres dont on désire qu'il soit rendu compte devront être déposés au bureau de la *Revue*, 28, rue Bonaparte, à Paris.

L'Administration et le Bureau de la *REVUE ARCHÉOLOGIQUE* sont à la LIBRAIRIE ERNEST LEROUX, 28, rue Bonaparte, Paris.

CONDITIONS DE L'ABONNEMENT

La *Revue Archéologique* paraît par fascicules mensuels de 64 à 80 pages grand in-8, qui forment à la fin de l'année deux volumes ornés de 24 planches et de nombreuses gravures intercalées dans le texte.

PRIX :

Pour Paris. Un an............	30 fr.	Pour les départements. Un an..	32 fr.
Un numéro mensuel............	3 fr.	Pour l'Étranger. Un an........	33 fr.

On s'abonne également chez tous les libraires des Départements et de l'Etranger.

MYTHES CHALDÉENS

MYTHES CHALDÉENS

Parmi les dieux chaldéens, représentés en grand nombre sur les cylindres, la plupart restent encore pour nous indéterminés. C'est que l'art de l'ancienne Chaldée n'est pas parvenu à les douer d'une personnalité assez forte. S'il les distingue les uns des autres, ce n'est en effet ni par l'originalité du type physique ni même d'ordinaire par les particularités du costume, mais seulement par quelques attributs, souvent incertains et difficiles à connaître. Trois ou quatre figures divines tout au plus se détachent de la masse confuse, grâce à un symbolisme plus hardi, qui leur donne un aspect fantastique et qui est de nature à frapper vivement l'imagination.

De ce nombre est un dieu caractérisé par deux gerbes de flammes ondoyantes, qui lui sortent du dos et des épaules et lui font comme des ailes de feu. L'étrange décor, au milieu duquel il se montre d'habitude, est bien fait aussi pour exciter notre curiosité. Le dieu, visible jusqu'aux genoux ou seulement jusqu'à la taille, apparaît derrière une montagne dont le sommet se termine parfois en double pyramide. Au premier plan, en avant de cette scène, qui semble avoir l'horizon pour théâtre, deux autres personnages ouvrent les battants d'une grande porte et servent, à l'occasion, d'introducteurs aux dévots qui se présentent avec des offrandes.

Quelques interprètes en ont conclu qu'il s'agissait simplement d'un temple du dieu et des portiers qui en surveillaient l'entrée. D'autres, au contraire, sont allés chercher beaucoup trop loin des explications peu vraisemblables. Telle est surtout la singulière hypothèse qui, sous l'empire des préoccupations bibliques, voit dans ces monticules et dans la porte qui les précède une allusion à la tour de Babel, sur les ruines de laquelle se dresserait un dieu vengeur[1]. L'opinion plus diserte, qui a songé aux sept portes infernales, mentionnées dans la célèbre légende d'Istar, n'est pas au fond plus acceptable ; car il est impossible de faire du dieu aux ailes de flamme une divinité souterraine et, comme il a été dit, le sinistre gardien du séjour d'où l'on ne revient pas[2].

Je crois avoir établi dès 1884, dans les observations qui accompagnent mon mémoire sur la Stèle des Vautours, le véritable sens de la représentation, en lui attribuant un caractère tout sidéral[3]. Le dieu flamboyant qui paraît derrière les montagnes ne peut être qu'un astre, le soleil évidemment, l'astre brûlant par excellence[4]. Les portes qui s'ouvrent devant lui sont les portes du ciel[5] ; c'est là une image chère à toutes les mythologies primitives, en Grèce comme en Chaldée. Le pieux Chaldéen qui invoquait le Soleil lui disait, le matin :

> Tu ouvres la porte du ciel,

et lui répétait, le soir :

> Que la porte du ciel te soit obéissante.

Quant aux gardiens de ces portes, coiffés ordinairement du bonnet à double corne, ce sont des divinités secondaires attachées au dieu principal, des génies du soir et du matin, de l'Orient et de l'Occident, analogues aux Heures grecques, malgré la différence des sexes, ou bien encore aux Dioscures.

Ces idées sont d'ailleurs si simples, elles répondent si bien au sujet et viennent si naturellement à l'esprit que je ne saurais

1. G. Smith, *Chaldæan account of Genesis*, p. 158.
2. Menant, *Cylindres de la Chaldée*, p. 125.
3. Dans la *Gazette archéologique* de 1884, p. 198-200; article réimprimé dans les *Origines orientales de l'art*, p. 76-78.
4. Désigné idéographiquement par le signe *oud*, appelé *Para*, *Babbar* en sumérien, *Samas* (ou si l'on veut *Shamash*) en langage sémitique.
5. En sumérien *ghis-gal Anna-ghe*. Voir les hymnes au Soleil levant et au Soleil couchant, depuis longtemps traduits, le premier par F. Lenormant, *La Magie chez les Chaldéens*, p. 165-166, le second par G. Bertin dans la *Revue d'Assyriologie*, vol. I, IV, p. 157-161.

m'étonner de les voir aujourd'hui adoptées de différents côtés, comme l'explication courante de la curieuse représentation gravée sur les cylindres [1].

Nous trouvons là juxtaposées, plutôt que combinées, deux conceptions de l'imagination populaire, qui sont d'ordre différent. L'image des portes du ciel est d'essence poétique ; c'est purement une allégorie, une métaphore réalisée par le dessin. L'autre scène au contraire, tout en donnant au soleil la forme humaine, divinisée par des attributs, le fait agir et se mouvoir dans le cadre réel de l'horizon et des montagnes ; nous sommes devant un véritable paysage, résumé en quelques traits, et le dieu reste en contact avec la nature. L'incohérence qui résulte d'un pareil doublement d'images est loin du reste de répugner à la poésie primitive ; l'impression d'ensemble en devient plus fantastique, et ces portes, ouvertes sur le monde, prennent les proportions de l'infini. Même chez les Chaldéens, c'est dans un premier anthropomorphisme, mêlé au sentiment de la nature, qu'il faut chercher, croyons-nous, l'explication de cette mythologie figurée, plutôt que dans des constructions cosmologiques trop précises, agencées et raccordées après coup sous l'influence du dogmatisme sacerdotal.

Comme exemple de ces représentations, nous reproduisons d'abord un cylindre déjà plusieurs fois publié [2], qui donne la mise en scène telle qu'elle est le plus souvent disposée (fig. 1).

A première vue, on pourrait douter si le soleil s'élève ou descend derrière les montagnes. La question est résolue par certaines variantes, où le dieu semble se hausser, en s'appuyant des deux mains sur la double cime [3]. Ici même son bras gauche, replié avec effort, conserve quelque chose de la précédente attitude, comme

1. Maspero, *Histoire ancienne des peuples d'Orient*, I, p. 655-658 ; W. Hayes Ward, *Seal Cylinders* (catalogue des cylindres du Musée métropolitain de New-York), p. 13 et suiv., 18 et suiv.

2. A. de Longpérier, *Notice des antiquités assyriennes*, nº 540 ; Menant, *Cylindres de la Chaldée*, p. 123, fig. 71 ; Maspero, *Hist. anc. des peuples d'Orient*, p. 656.

3. Menant, *Cylindres de la Chaldée*, p. 122, fig. 69 ; cf. pl. III, fig. 3.

pour rendre sensible aux yeux le mouvement ascensionnel de la figure. Le soleil à son lever avait, dans la superstition orientale, une puissance particulièrement bienfaisante. C'était l'heure où il chassait les démons de la nuit et dissipait leurs maléfices. Il ne faut pas oublier que les cylindres, tout en servant de cachets, étaient aussi des talismans; les images qu'ils imprimaient sur l'argile avaient une influence protectrice, une valeur de bon augure. On s'explique ainsi que la représentation du soleil levant y soit figurée de préférence.

Fig. 1.

Le dieu, à ce moment de son apparition, est toujours vêtu d'une longue robe, et il élève souvent de la main droite un attribut dont la forme et la nature sont ici nettement caractérisées: ce n'est ni une arme ni précisément un rameau, mais bien une palme[1]. Faut-il déjà, dans le symbolisme chaldéen, en faire l'emblème classique de la victoire, exprimant le triomphe de la lumière sur les ténèbres? Il serait peut-être plus simple d'y reconnaître, à l'origine, l'attribut naturel du dieu qui protège les palmiers et qui en mûrit les fruits. Du reste, les deux interprétations ne s'excluent pas nécessairement, et le geste a, sans contredit, quelque chose de triomphal.

Ce que je voudrais surtout montrer, c'est que ce premier

1. Sur les cylindres de petite dimension cette palme a été facilement prise pour une arme, pour une sorte de coutelas (cf. fig. 2 et 6); c'est là une méprise qu'il faut rectifier.

acte du drame solaire n'est pas le seul qui soit figuré dans l'iconographie chaldéenne. Il y a là une action qui se poursuit et qui fait naître en se développant d'autres péripéties non moins expressives, qui mettent en scène de nouveaux acteurs. Le fait est démontré par quelques cylindres de la collection du Louvre, dont plusieurs sont d'acquisition récente.

Un point plus avancé de la marche du dieu est marqué par les représentations qui le font voir tout entier de profil, posant le pied sur la montagne ou sur l'un de ses sommets, quand elle est

Fig. 2.

double. C'est la barrière de l'horizon définitivement franchie par le Soleil, qui s'apprête à bondir au delà. Dans cette attitude, la figure, encore vêtue de son riche costume, tient toujours, avec un grand geste, la palme élevée devant elle. Un des cylindres du Louvre reproduit la scène avec plus de détails qu'à l'ordinaire (fig. 2). La porte du ciel a ses battants surmontés de deux lions; entre les lieutenants du dieu, qui la tiennent grande ouverte, un adorateur s'approche timidement et présente un chevreau[1].

Infiniment plus rares sont les représentations où le dieu Soleil s'empare d'une montagne, sans doute distincte de la précédente, non plus par simple escalade, mais en livrant bataille à un premier occupant, dieu comme lui. Le cylindre, dont nous

1. Variantes plus simples sur un autre cylindre du Louvre, cf. *Coll. De Clercq*, n° 85 et Menant, n°s 68 et 72.

reproduisons l'empreinte, donne un exemple remarquable et tout à fait dramatique de ce nouvel acte de la légende.

Ici la porte du ciel n'est plus figurée; nous sommes à une autre étape dans la marche diurne de l'astre. Les deux acolytes divins, qui tout à l'heure jouaient le rôle de portiers, n'ont pas cependant abandonné leur chef; ils le suivent maintenant et font partie de son escorte guerrière, portant ses armes sacrées, une masse d'armes de rechange et le bâton coudé qui lancé revient à la main. Le dieu lui-même se montre dans un redoutable appa-

Fig. 3.

reil de combat. Complètement nu, la taille seule sanglée d'une étroite ceinture, tout environné de flammes, qui lui sortent même des jambes, il aborde de près son adversaire et le menace de sa masse d'armes. Après lui, pour lui prêter main forte, vient encore un terrible personnage, qui n'est caractérisé par aucune arme ni par aucun attribut, si ce n'est qu'il brûle et flamboie de la tête aux pieds; c'est l'incendie qui marche. Il ne faut pas hésiter, croyons-nous, à y reconnaître le démon du feu ou mieux le Feu en personne[1], plus d'une fois célébré dans les hymnes de l'ancienne Chaldée.

Quant au dieu menacé d'être brûlé vif, rien n'est plus curieux ni plus naïvement expressif que son attitude. Assis sur la mon-

1. *Is* ou *Ghi-bil*; voir particulièrement les fragments d'hymnes déjà rassemblés par F. Lenormant, *La Magie chez les Chaldéens*, p. 169-173.

tagne, dont il était jusque-là le paisible possesseur, nu comme son ennemi et n'ayant aussi qu'un lien autour de la taille, il est de plus tout à fait désarmé contre cette irruption soudaine. Aussi se contente-t-il d'écarter ses mains ouvertes et abaissées dans un geste d'impuissante protestation. Il semble cependant qu'il n'ait pas cédé la place sans résistance ; c'est ce qu'indiquent plusieurs cylindres de plus petite dimension[1], dont le Louvre possède un bon exemplaire. Au revers de la représentation précédente, sommairement reproduite, on voit une scène de palestre où les deux adversaires se mesurent corps à corps; mais déjà le dieu de la mon-

Fig. 4.

tagne a fléchi le genou et la victoire du Soleil n'est pas douteuse. Dans plusieurs variantes curieuses de la collection de Clercq, l'agresseur saisit son ennemi par sa longue barbe; souvent encore il tient sa masse d'armes et ne l'abandonne que vers la fin de la lutte[2].

Avant d'étudier la signification, d'ailleurs assez transparente, de cette lutte épique, je voudrais faire connaître un cylindre du Louvre, qui donne une disposition un peu différente de la scène d'agression. Le travail soigné, minutieux, cherche à rendre jusqu'au fond rocheux du paysage, ce qui paraît marquer une époque assez avancée dans l'art chaldéen.

Ici la montagne, beaucoup plus développée dans ses lignes,

1. Tous les cylindres ici figurés sont reproduits à la grandeur réelle de l'exécution.

2. *Catalogue de la Collection de Clercq*, pl. XIX, n°s 176, 180 et surtout 181; cf. 178. La présence des ailes de feu est significative et devrait bien faire abandonner une fois pour toutes l'ancienne explication des sacrifices humains par de prétendus pontifes.

brûle tout entière autour du dieu, qui n'est pas seulement assis, mais adossé contre ses hautes pentes. Bien que le Soleil n'ait pas ses ailes de feu, sans doute à cause du champ restreint qui l'entoure, il est désigné par une torche à triple flamme dont il menace son adversaire, en même temps qu'il le saisit par une des cornes de sa tiare. Les ailes flamboyantes ont passé à une déesse, peut-être *Aa* ou *Malka*, l'épouse même du Soleil[1], tenant une couronne en signe de victoire. Les deux lieutenants ne sont pas figurés, non plus que le démon du feu, à moins que l'on ne

Fig. 5.

reconnaisse ce dernier dans un petit personnage qui est agenouillé derrière la montagne et semble attiser l'incendie.

Il est impossible de ne pas ouvrir une parenthèse pour dire incidemment quelques mots de la seconde scène gravée sur le revers du même cylindre. C'est encore une des luttes où le dieu Soleil était engagé, d'après la légende chaldéenne ; mais celle-ci appartient à une autre partie de son histoire. Au milieu des montagnes, qui forment derrière les figures comme deux panneaux rocheux, le dieu aux ailes de feu, dont le caractère sidéral est encore accentué par une étoile qui rayonne entre les cornes de sa coiffure, a trouvé un nouvel adversaire dans Eabani, le monstre moitié-homme, aux jambes de taureau, vivant avec les bêtes sauvages. Les fragments conservés de l'épopée chaldéenne racontent bien en effet par quelles séductions le Soleil l'avait attiré

1. Voir la fin de la page suivante.

et retenu dans la ville d'Erech; mais ils ne parlent pas de violence. Ici c'est de force que le dieu lui-même s'empare du monstre, l'arrêtant à la fois par sa queue de taureau et par l'une de ses cornes, sans craindre la massue recourbée dont il est armé. L'épisode est de toute manière inédit; seulement rien ne prouve qu'il se reliât en quelque façon à la lutte ignée contre le dieu de la montagne, et ce n'est peut-être qu'un simple pendant à la scène gravée sur le côté opposé du cylindre.

Revenons maintenant à cette lutte, qui fait surtout l'objet de notre étude. Prise en elle-même, elle paraît représenter l'heure du jour où les rayons solaires sont dans toute leur incandescence. La difficulté est de savoir quelle est la montagne, dont le dieu cherche alors à prendre possession en la brûlant de ses feux. Est-ce la cime arrondie sous la forme de laquelle les Chaldéens se représentaient la terre? Une idée plus simple peut-être serait d'y reconnaître la montagne de l'Occident[1], vers laquelle l'astre, arrivé au sommet de sa course et maintenant dans toute sa force, marche pendant ces heures de l'après-midi qui sont les plus chaudes de la journée. Les légendes chaldéennes, dont les débris nous sont parvenus, sont si incomplètes qu'il serait vain de vouloir nommer le dieu qui se mesure ici avec le Soleil[2]. Il suffit de nous rappeler, par la comparaison avec d'autres mythologies, que de pareilles luttes, comme le combat d'Hercule et d'Apollon dans la légende grecque, sont inhérentes à l'essence même des mythes solaires.

J'ajouterai que la présence de l'épouse du Soleil est liée d'habitude au moment où l'astre achève sa course. C'est dans l'hymne chaldéen au Soleil couchant[3] qu'il est dit en propres termes :

Que ton épouse bien-aimée vienne avec joie au devant de toi.

1. Cependant sur le cylindre n° 178 de la collection De Clercq, le vieillard nu, à longue barbe, est déjà agenouillé devant le dieu flamboyant au moment où celui-ci met le pied sur la montagne. Peut-être est-ce une représentation abrégée, qui réunit les deux scènes en une seule.

2. Les assyriologues mentionnent un dieu de l'Occident nommé *Martou*, fils d'Anou, le dieu du Ciel; F. Lenormant, *Les dieux de Babylone et de l'Assyrie*, p. 17.

3. Dans cet hymne bilingue (traduit par G. Bertin, *Revue d'Assyr.*, I, IV, p. 158),

Ainsi le poète grec Stésichore, dans un chant conservé par Athénée[1], rapportait de même que le Soleil

S'en allait dans les profondeurs de la nuit sacrée, de la nuit solitaire,
Pour retrouver sa mère et l'épouse de sa jeunesse,
Et ses chers enfants.

Les points de contact entre les légendes grecques et celles de la Chaldée sont maintenant si bien établis qu'il y a peut-être là quelque chose de plus qu'une coïncidence, d'ailleurs assez naturelle.

Fig. 6.

Ce qui me confirme dans l'idée d'un assaut livré à la montagne de l'Occident, c'est un autre cylindre qui représente le combat terminé et le dieu aux ailes de flamme se reposant après sa victoire. Assis à son tour sur la montagne qu'il vient de conquérir, il tient encore en main la masse d'armes. Dans le champ, des deux côtés de la figure, sont suspendues une autre masse d'armes et une aiguière ou un vase à verser, double symbole du repos après la lutte. Ajoutez que les portes du ciel sont ici de nouveau représentées avec leurs gardiens habituels.

Telle est bien l'impression que produisent sur l'imagination populaire les splendeurs du soleil, quand il approche de son

le nom de la déesse, douteux en sumérien, se lit *A-a* dans la traduction assyrienne, comme sur un grand nombre de cylindres où il est gravé à côté de celui du Soleil (*Catal. de la Coll. de Clercq*, n° 172; cf. n°s 93, 117, 129 et 130). Pour l'identification avec *Malka*, voir dans le même ouvrage la note de M. Oppert, p. 57.

1. Athénée, I, p. 469, *e*.

coucher. Le moment où il semble se reposer à l'horizon est comme un triomphe où se manifeste sa royauté. Les Grecs modernes, pour exprimer le fait que le soleil se couche, disent d'un seul mot qu'il « règne » (βασιλεύει), expression superbe qu'ils ne semblent pas devoir à l'antiquité classique. La représentation gravée sur notre cylindre éveille une idée toute semblable.

Avec les scènes successives qui viennent d'être décrites, nous aurions toute l'évolution diurne de l'astre. Cependant, avant de clore cette énumération, je voudrais signaler encore deux varian-

Fig. 7.

est intéressantes, également tirées de nos cylindres chaldéens. Dans l'une d'elles, le dieu, au lieu de trôner sur la montagne, est assis sur un siège ordinaire. La porte, comme il arrive quelquefois, est indiquée par un seul battant, que tient un des deux génies, tandis que l'autre introduit un adorant. On remarquera ce curieux détail que le présentateur déploie et agite une grande draperie, sorte de voile ou de rideau, qui pouvait bien être l'offrande faite au dieu ; mais l'idée qui s'y attachait était évidemment de masquer, d'atténuer pour les yeux mortels le dangereux rayonnement de la face solaire.

La représentation suivante (fig. 8) rappelle de très près celle par où nous avons commencé, l'image du dieu paraissant à demi derrière la montagne ; mais elle est d'un style particulier et elle offre des détails qui ne sont pas ordinaires.

On remarquera surtout que les six lignes ondulées figurant les ailes de flamme se terminent par autant d'étoiles. Si, contrairement à l'opinion opposée plus haut, la scène pouvait se rapporter, dans certains cas, au soleil descendant derrière l'horizon, aucune variante ne s'y prêterait mieux que celle-ci. Comme dans un exemple précédent, les battants de la porte sont surmontés de deux lions. Les deux gardiens n'ont pas cette fois la coiffure munie de cornes; en revanche, ils sont armés de bâtons recourbés. Ces armes ne leur sont point inutiles; car ils ont à contenir un horrible démon, aux pieds d'aigle, à la tête décharnée, assez semblable à celui qui figure le Vent du sud-ouest dans plusieurs

Fig. 8.

représentations connues. Des traits presque effacés semblent indiquer des ailes et même quelques flammes qui entourent le monstre. Ne serait-ce, sous une forme plus accentuée, que le démon du feu? Je préférerais y reconnaître un de ces esprits mauvais que la montée du jour met en fuite et qui recommencent à rôder sur la terre à l'approche du soir. Si réellement il y a des flammes autour de lui, on peut supposer qu'il paie ainsi sa témérité à braver les feux du soleil.

A côté des compositions précédentes, qui apportent un développement notable à l'iconographie des mythes solaires dans l'ancienne Chaldée, je ne résiste pas au désir de faire connaître, pour terminer, un remarquable cylindre qui n'appartient plus à la même série et dont les figures nous conduisent dans un domaine mythologique différent.

L'idée de représenter les dieux sur des animaux réels ou imaginaires est une des formes les plus originales du symbolisme chaldéo-assyrien. Cependant les groupes de ce genre, assez fréquents à l'époque assyrienne et aussi chez les populations de l'Asie Mineure, sont tout à fait rares sur les monuments de la haute antiquité chaldéenne. En voici pourtant un exemple, d'autant plus intéressant que le procédé n'est pas encore devenu banal et commun à toutes les divinités.

Du même pas s'avancent l'un derrière l'autre deux monstres exactement pareils, que l'on pourrait, par anticipation, appeler apocalyptiques. Lions par le corps, par leurs membres antérieurs

Fig. 9.

et par leurs têtes abaissées, dont les terribles mâchoires, ouvertes en cisailles, vomissent des torrents d'eau ou de feu, ils sont aigles par leurs puissantes ailes étendues, par les serres de leurs pattes postérieures et par leur queue de plumes en éventail. C'est en somme une des formes que la démonologie chaldéo-assyrienne prête le plus souvent aux puissances destructives, aux esprits du mal. Seulement l'art chaldéen y ajoute une grandeur étrange, surtout par la petitesse relative des figures divines que ces monstres portent à travers l'espace, non pas simplement, comme plus tard, posées sur leur dos, mais dressés en avant sur le garrot de la bête, vers la naissance des ailes déployées, qui semblent les soulever.

Sur le premier vient un dieu qui tient dans sa main droite l'arme coudée des rois chaldéens[1] et lève le bras gauche d'un geste menaçant, comme s'il poussait un cri de guerre. La petite figure

1. Si, comme je le suppose, cette massue coudée était aussi une arme de jet, sorte de *boumerang*, elle représente très exactement l'éclair et la foudre.

qui suit sur l'autre monstre est plus difficile à déterminer, à cause de son exiguïté même; pourtant les formes générales et la robe serrée aux jambes[1] sont bien d'une femme[2]; de ses mains étendues elle tient deux traits brisés, qui font penser à des éclairs. Une figure virile, de proportions beaucoup plus grandes, marche entre les deux animaux; comme elle est à pied, on a pu lui laisser toute la hauteur du cylindre, sans qu'il faille lui accorder pour cela un rang supérieur dans la hiérarchie céleste. De même que le dieu qui le précède, ce personnage porte l'arme coudée; mais, si l'on en juge par sa coiffure dépourvue de cornes, il ne joue à sa suite que le rôle d'un simple *armiger*[3]. Pour une raison toute technique, tenant à la nécessité de remplir le champ du cylindre, les dieux principaux ne sont pas ici désignés par leur taille, mais par leurs redoutables montures.

De pareilles images appartiennent évidemment au cycle des divinités qui personnifiaient les troubles de l'atmosphère, comme *Bin*, ou mieux *Ramman*, le dieu des tempêtes, avec sa compagne, la déesse *Sala*, et les autres êtres mythologiques qui forment leur cortège[4]. Les monstres qui les portent figurent les ouragans, les souffles orageux, qui se confondent, dans les incantations chaldéennes, avec toute une classe de démons malfaisants.

Par cet exemple, comparé à ceux que nous avons empruntés aux représentations solaires, on peut juger avec quelle puissance tragique et quelle fantaisie grandiose l'imagination des artistes chaldéens avait su dramatiser la marche des phénomènes célestes et l'éternel combat des forces de la nature.

Léon Heuzey.

1. A moins que même la figure ne soit nue.

2. Cette réserve est motivée par l'empâtement du menton et du cou, d'où il résulte une certaine indécision sur le sexe de la figure.

3. Le même sujet, rudement ébauché à la pointe, se trouve déjà sur un cylindre du Louvre, de travail plus archaïque. L'acolyte y prend la forme d'un génie à quatre ailes.

4. F. Lenormant, *Les dieux de Babylone*, p. 18; Sayce, *Religion of the ancient Babylonians*, p. 202 suiv.; Maspero, *Hist. anc. des peuples d'Orient*, p. 661-663. Pour la déesse Sala, voir surtout les cylindres qui portent la légende « Ramman et Sala ». De Clercq, *Catalogue*, n° 124; cf. 204.

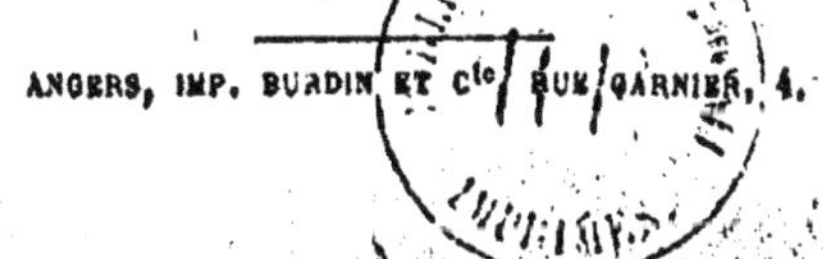

ANGERS, IMP. BURDIN ET Cie, RUE GARNIER, 4.

ANGERS, IMP. BURDIN ET Cie, 4, RUE GARNIER.

www.ingramcontent.com/pod-product-compliance
Ingram Content Group UK Ltd.
Pitfield, Milton Keynes, MK11 3LW, UK
UKHW022212190726
13855UKWH00004B/1727

9 782013 565400